DAS BUCH „PROMOTE & PROSPER: STRATEGIEN FÜR UNTERNEHMENSWACHSTUM“

Inhalt

3

NACH VORNE

Was ist Marketing für Unternehmen?

Um ihre Zielgruppen zu erreichen, ihnen Botschaften zu übermitteln und den Verkauf von Produkten und Dienstleistungen zu steigern, nutzen viele Organisationen und Unternehmen verschiedene Marketingtaktiken, beispielsweise Unternehmenswerbung. Um ihr Ziel zu erreichen, könnten sie verschiedene Strategien nutzen, darunter PR, persönlichen Verkauf und Direktmarketing. Indem Sie die beste Marketingstrategie für Ihr Unternehmen wählen, können Sie den Gewinn steigern und einen guten Ruf aufbauen. In diesem Artikel werden die Definition von Unternehmensförderung, die Unterscheidung zwischen ihr und

Werbung sowie eine Diskussion ihrer vielen Formen behandelt.

Was ist Marketing für Unternehmen?

Um die Antwort auf die Frage „Was ist Unternehmensförderung?" zu erhalten, können Sie recherchieren, was es umfasst und welche vielfältigen Varianten es gibt. Unternehmen nutzen Wirtschaftsförderung als Methode, um den Verkauf ihrer Waren und Dienstleistungen anzukurbeln. Es ist Teil des Marketing-Mix, der auch die Elemente Produkt, Preis, Veranstaltungsort und Werbung umfasst. Die Nutzung verschiedener Plattformen gehört zum Business-Marketing, dessen Ziel es ist, Kunden zum Kauf zu inspirieren.

Werbung und Unternehmensförderung haben unterschiedliche Zwecke.
Die genauen Kategorien, unter die Unternehmensmarketing und Werbung fallen, sind nur eine der Unterschiede zwischen ihnen. Weitere Unterscheidungen sind:

Definition
Das Ziel des Unternehmensmarketings besteht darin, den Umsatz zu steigern, indem Menschen zum Kauf von Dingen bewegt werden. Flyer, soziale Medien und der direkte Verkauf von Mensch zu Mensch sind einige der Möglichkeiten, mit denen Unternehmen dies tun. Werbung informiert Menschen über ein Produkt oder eine Dienstleistung über ein gesponsertes Netzwerk,

beispielsweise Fernsehwerbespots. Ein Teil des Unternehmensmarketings ist Werbung.

Ziele

Ziel der Unternehmenswerbung ist es, Kunden, die bereits mit einem Produkt, einer Dienstleistung oder einer Marke vertraut sind, zum Kauf zu animieren. Das Hauptziel dieser Übung besteht darin, den Umsatz zu steigern. Über Werbung werden Verbraucher erreicht, die eine bestimmte Marke kennen oder nicht . Der Aufbau des Rufs einer Marke ist das Hauptziel der Werbung. Strategien zur Unternehmensförderung zeigen sofort Wirkung, während die Wirkung von Werbung möglicherweise erst nach einiger Zeit spürbar wird.

Technik

Während die Unternehmenswerbung direkter ist, nutzt Werbung eine indirekte Technik, um die Bekanntheit eines Produkts zu steigern.

Was ist der Zielmarkt?

Eine Zielgruppe ist eine bestimmte Bevölkerungsgruppe, die Ihr Produkt oder Ihre Dienstleistung am wahrscheinlichsten kauft. Wie in der Grafik unten zu sehen ist, steht es im Mittelpunkt all Ihrer Targeting- und Werbepläne.

Es unterscheidet sich vom Persona-Targeting – ideale Gruppierungen von Personen, die ideale Kunden abgeben –, das wesentlich umfassender ist und Gruppen abdeckt, die „interessiert sein könnten".

Typische Zielgruppen

Eine kluge Strategie, um sicherzustellen, dass Sie mit Personen in Kontakt treten und diese beeinflussen, die höchstwahrscheinlich zu Kunden werden, besteht darin, Ihre Zielgruppe zu definieren.

BMW zum Beispiel hat einen bestimmten Zielmarkt, für den es eine Vielzahl von Automobilen (und jetzt auch Erlebnissen) anbietet, die auf der „ultimativen Fahrmaschine" basieren.

Obwohl BMW für seine sehr treuen Kunden bekannt ist, sucht das Unternehmen auch aktiv nach neuen Kunden. Obwohl vermögende Kunden die Hauptzielgruppe des Unternehmens sind, wendet es seine Werbung auch an ein breites Spektrum an Menschen weltweit.

So finden Sie Ihre Zielgruppe und verbinden sich mit ihr

Jedes Unternehmen muss eine Vorstellung davon haben, wer sein Zielmarkt ist, aber im B2B-Marketing kann es besonders hilfreich sein, Zielpersonas zu entwickeln, die viel weiter gehen. Hier können Sie forschungsbasierte Profile verwenden, die Ihre potenziellen Kunden identifizieren, um Ihnen dabei zu helfen, Inhalte speziell für sie und ihre Bedürfnisse zu erstellen.

Effektive Möglichkeiten zur Schaffung einer großartigen Markenidentität?

Moderne Kunden wünschen sich eine Verbindung zur Stimme, Botschaft und dem Erscheinungsbild der Marke eines Unternehmens und nicht nur zu einem bestimmten Produkt. Allerdings ist die Schaffung einer Marke eher ein Prozess als eine einzelne Aktion. Eigentümer von Unternehmen müssen die besten Strategien für die Vermarktung ihrer Markenidentität wählen und diese kontinuierlich „leben" sowie ihre Arbeit und Verbraucher kennen.

Konzentrieren Sie Ihre Marke auf Ihre Erzählung

Kluge Verbraucher suchen nach Möglichkeiten, sich mit den von ihnen gekauften Waren und Dienstleistungen in Verbindung zu setzen und sich mit ihnen zu identifizieren. Sich in Ihrer Ursprungsgeschichte wiederzufinden, ist für Verbraucher ein wirkungsvoller Ansatz, um eine Verbindung zu Ihrer Marke aufzubauen. Die Entstehungsgeschichte Ihres Unternehmens sollte die Inspiration für seine Entwicklung so darlegen, dass sich Ihre Zielkunden damit identifizieren und ein Gefühl der Loyalität Ihnen gegenüber entwickeln können.

Stellen Sie sicher, dass der Kunde zufrieden ist. Erfüllt das Markenversprechen

Berücksichtigen Sie, wie das tatsächliche Verbrauchererlebnis das Markenversprechen widerspiegelt. Wie spiegeln beispielsweise die Touchpoints des Kunden die Vertrauensorientierung des Markenversprechens wider? Steht auf Ihrer Rechnung lediglich die Strafe für die Nichtzahlung? Wie wird damit die Verpflichtung erfüllt? Es ist wichtig, darüber nachzudenken, wie jede Phase der Kundenreise mit Ihrer Marke verbunden ist.

Stellen Sie sicher, dass Ihre Teammitglieder Sie lieben.

Führungskräfte von Organisationen übersehen oft, dass ihre Mitarbeiter ihre größten Markenbotschafter sind. Sie werden ihre Marke stärker stärken als erwartet, wenn sie ihre Mitarbeiter mit Respekt behandeln, ihnen ein Gefühl von Wert und Wertschätzung für die Aufgabe vermitteln, für die sie eingestellt wurden, und ihnen die Freiheit geben, innovativ zu sein. Konzentrieren Sie sich auf Ihre internen Kunden; Sie kümmern sich um den Rest.

Beginnen Sie mit einem starken Selbstbewusstsein.

Wenn Sie sich nicht sicher sind, wie die Leute, die Sie erreichen möchten, Sie sehen, ist die Entwicklung einer äußerst erfolgreichen Markenstrategie fast schwierig. Es ist von entscheidender Bedeutung, den Wert Ihres einzigartigen Unternehmens zu verstehen, aber es ist etwas anderes, als nur vor anderen damit zu prahlen, wie großartig Sie in dem sind, was Sie tun. Verwechseln Sie beides nicht. Aus diesem Grund geben große

Unternehmen viel Geld für Fokusgruppen aus.

Heben Sie sich von der Konkurrenz ab

Marken, die eine unbefriedigte Nachfrage auf dem Markt decken, heben sich von der Konkurrenz ab. Eines, das Leidenschaft und Ehrlichkeit verbindet, etwas, das sie mutig einfangen und dem Publikum vermitteln. Allerdings scheuen sich viele Markenmanager davor, neue Dinge auszuprobieren oder sich auf das Unbekannte einzulassen. Mit der Opposition vergleichbar zu sein ist fatal. Der Markt sehnt sich nach Neuheiten, also geben Sie sie ihnen und sie werden kaufen.

So erstellen Sie einen Slogan und ein Logo:

7 Tipps Fokus.

Machen Sie es sinnvoll:

• Übermitteln Sie eine Botschaft, die Ihre Zielgruppe ernst nimmt und versteht.

• Machen Sie es unvergesslich.

• Halt dich kurz.

• Sag es laut.

• Integrieren Sie es in Ihr Logo-Design. Mach es zu deinem.

• Was macht ein Logo-Design unvergesslich?

• Wichtige Elemente beim Erstellen eines einprägsamen Logo-Designs Sie müssen sicherstellen, dass Ihr Logo-Design einfach, aber unverwechselbar ist.

Schaffen Sie sich eine digitale Präsenz

Im Jahr 2023 haben wir festgestellt, dass bei kleinen Unternehmen nichts sicher ist. Unternehmen haben sich verändert, Geschäftsmodelle wurden auf den Kopf gestellt und Verbrauchergewohnheiten und -verhalten haben sich geändert. Bei vielen dieser Verbesserungen spielten die Einführung neuer Technologien und die Einführung digitaler Methoden eine große Rolle.

Sehen wir uns nun an, wie der Einsatz digitaler Taktiken Ihnen dabei helfen kann, eine starke Online-Präsenz aufzubauen, mehr neue Kunden zu erreichen, die Bindung zu Ihrem aktuellen Kundenstamm zu stärken und das

Profil Ihres gesamten Unternehmens zu steigern. Sie müssen die Verbraucher dort erreichen, wo sie sich jetzt befinden, nämlich online, da sich das Verbraucherverhalten weiterentwickelt hat.

Wählen Sie den besten Website-Builder für die Website Ihres kleinen Unternehmens.

Sie können Ihre Website mit einem der verschiedenen verfügbaren Website-Builder erstellen. Einige verlassen sich auf grundlegende Kenntnisse in Design und Codierung, während andere sich darum kümmern.

Investieren Sie in eine Domain

Wenn Sie online Vertrauen schaffen und Kunden davon überzeugen möchten, dass Sie der echte Deal sind, benötigt Ihr Unternehmen einen Domainnamen. Der Besitz eines eigenen Domainnamens verbessert sowohl Ihr Suchmaschinenranking als auch den Schutz Ihrer Marke.

Stellen Sie sich Ihren Domainnamen als die Internetversion Ihres physischen Standorts vor. Es entscheidet darüber, wie die Leute Sie online finden.

Wie sollte dann Ihr Domainname lauten? Versuchen Sie bei der Auswahl eines Domainnamens, ihn so kurz und relevant wie möglich für Ihr Unternehmen zu halten. Um Kunden zum Wiederkommen zu ermutigen (und es vielleicht ihren Freunden zu empfehlen!), stellen Sie sicher, dass es für Ihr Unternehmen relevant, leicht zu finden und vorzugsweise leicht zu merken ist.

Bei der Wahl Ihres Domainnamens sollten Sie eine Reihe von Dingen vermeiden, darunter Ziffern, Bindestriche und Abkürzungen. Natürlich ist es auch sehr wichtig sicherzustellen, dass Sie den gewünschten Domainnamen wirklich erwerben können! Es gibt nichts Schlimmeres, als sich für einen Domainnamen zu entscheiden und sogar so weit zu gehen, Social-Media-Konten dafür zu erstellen, nur um dann festzustellen, dass er bereits vergeben ist.

Die Homepage

Betrachten Sie die Homepage Ihrer Website als Eingang. Hier haben Sie die Chance, einen soliden ersten Eindruck zu hinterlassen und die Hauptmerkmale Ihres Produkts oder Ihrer Dienstleistung hervorzuheben. Bedenken Sie, dass Verbraucher nicht viel Zeit haben und Entscheidungen bezüglich Ihrer Website in nur 0,05 Sekunden (!!!) getroffen werden.

Bei der Gestaltung Ihrer Homepage ist es wichtig zu überlegen: „Für wen ist sie?" Dies gilt sowohl für Ihre Website als auch für Ihr gesamtes Unternehmen. Stellen Sie sicher, dass auf Ihrer Homepage klar erkennbar ist, ob Sie eine bestimmte Gruppe oder Branche ansprechen. Dies kann durch Worte, Bilder oder – noch besser – durch beides kommuniziert werden.

Machen Sie Ihren Besuchern deutlich klar, was sie danach tun sollen. Möchten Sie, dass die Leute bei Ihnen kaufen, Sie anrufen oder sich in Ihre E-Mail-Liste eintragen? Die letzte Seite oder Aktion, die Besucher auf Ihrer Website ausführen, sollte nicht Ihre Homepage sein.

Die Biografie Ihrer Homepage

Jeder Inhaber eines kleinen Unternehmens hat eine Geschichte zu erzählen. Was hat Sie motiviert, anzufangen? Welches Problem versuchen Sie anzugehen? Warum schätzen Sie Ihr Unternehmen? Sie sollten diese Geschichte auf Ihrer About-Seite erzählen.

Manchmal scheint es unangenehm oder gezwungen zu sein, über sich selbst zu sprechen. Indem Sie jedoch die Geschichte Ihres Kleinunternehmens erzählen, bieten Sie potenziellen Kunden oder Unterstützern die Möglichkeit, mehr über Sie zu erfahren, als sie es sonst könnten. Es erklärt, warum sie sich für Ihre Tätigkeit interessieren sollten und was Ihr Unternehmen von der Konkurrenz unterscheidet.

Teilen Sie auch alle Filme und Fotos, die Sie haben. Obwohl sie im Büro von Constant Contact ein bekanntes Gesicht ist, ist Dawn at La Provence kein Fan davon, dass sie fotografiert oder online geteilt wird. Obwohl es empfehlenswert ist, haben wir uns dafür entschieden, die berühmte Haustür von La Provence anstelle eines Fotos von Ihnen und Ihren Mitarbeitern auf Ihrer About-Seite aufzunehmen. Unter dem Foto liefert Dawn Hintergrundinformationen über die Geschichte des Ladens, ihren Aufstieg zur Eigentümerin und den Standort.

Kontaktseite für Sie

Eine Kontaktseite ist im Grunde nur notwendig, um Ihren Kunden eine Möglichkeit zu bieten, mit Ihnen in

Kontakt zu treten. Es ist wichtig, sich darüber im Klaren zu sein, was Besucher von Ihnen erwarten, wenn sie mit Ihnen Kontakt aufnehmen. Wann werden Sie wieder darauf antworten? Was erwarten Sie, dass sie einreichen werden? Welche Details sollten sie unbedingt in ihre Nachricht aufnehmen?

Es ist eine gute Idee, Einzelheiten zu Ihren Kontaktdaten anzugeben und anzugeben, wo und wann Kunden Sie finden könnten. Während die meisten Personen wahrscheinlich Ihr Kontaktformular verwenden, wünschen andere möglicherweise eine dringende Antwort und möchten lieber anrufen oder bei Ihnen vorbeikommen. Die Angabe Ihrer Adresse,

Kontaktinformationen und Öffnungszeiten auf dieser Seite erleichtert diesen Vorgang.

Wie können Unternehmen soziale Medien für ihr Marketing nutzen?

In den sozialen Medien können Sie mit Ihren Kunden in Kontakt treten und beobachten, was andere über Ihr Unternehmen sagen. Mobile Anwendungen, Giveaways und Werbung in sozialen Medien sind weitere Einsatzmöglichkeiten. Soziale Netzwerke können Ihrem Unternehmen dabei helfen, Kunden zu gewinnen, Kundenfeedback einzuholen und die Kundenbindung zu stärken.

Wie viele soziale Medien werden für die Vermarktung an andere Unternehmen genutzt?

So erstellen Sie eine B2B-Social-Media-Marketingstrategie, die am besten funktioniert

Synchronisieren Sie Ihre Ziele mit denen Ihres Unternehmens.

Seien Sie sich sozialer Möglichkeiten bewusst.

Behalten Sie Ihre Kunden im Auge.

Nutzen Sie die richtigen Social-Media-Plattformen.

Erstellen Sie B2B-Inhalte aus einer neuartigen Perspektive.

Analysieren Sie Ihre Statistiken, um Ihren Fortschritt zu ermitteln.

Was genau beinhaltet SEO-Marketing?

Unter Suchmaschinenoptimierung (SEO) versteht man die Praxis, Ihre Website so zu positionieren, dass sie weiter oben auf einer SERP (Suchmaschinen-Ergebnisseite) erscheint, um mehr Besucher anzulocken. Das Anstreben eines Rankings für Schlüsselwörter auf der ersten Seite der Suchmaschinenergebnisse für den Markt, auf den Sie abzielen, ist gängige Praxis.

Beschreiben Sie SEO. Wie funktioniert es?

Die Kunst und Wissenschaft, die Position einer Seite in Suchmaschinen wie Google zu verbessern, wird als Weboptimierung (SEO) bezeichnet. Da die Suche eine der wichtigsten Möglichkeiten für Verbraucher ist,

Online-Inhalte zu entdecken, kann der Traffic einer Website steigen, wenn sie in Suchmaschinen besser rankt.

Wie kann SEO für die Vermarktung eines Unternehmens genutzt werden?

8 SEO-Tipps für kleine Unternehmen

1. Wählen Sie logische Schlüsselwörter.
2. Achten Sie auf Ihre Unikate.
3. Erstellen Sie Links zu Ihrer Website, anstatt sie mit Schlüsselwörtern zu vollstopfen.
4. Produzieren Sie eine Menge erstklassiger,
5. Veröffentlichbares Material.
6. Beteiligen Sie sich an Social-Media-Aktivitäten.
7. Stellen Sie sicher, dass Ihre Website einfach zu navigieren ist.

8. Analysieren Sie die Ergebnisse.

Was ist eine Strategie zur Förderung von Inhalten?

Die Praxis der Weitergabe von Blogartikeln und anderen Ressourcen sowohl über kostenpflichtige als auch über unbezahlte Kanäle. Daher werden Influencer-Werbung, PR, E-Mail-Marketing, soziale Medien und Syndizierung als Content-Werbung bezeichnet.

Was beinhaltet Marketing mit Corporate Content?

Bei einer als „Content-Marketing" bezeichneten Werbeform handelt es sich um die Erstellung und Verbreitung von Online-Inhalten mit der Absicht, die Leser zum Besuch der Website einer Marke zu motivieren und nicht nur für diese zu werben. Der Einsatz von Storytelling und Informationsaustausch trägt zur Steigerung der Markenbekanntheit bei.

Wie könnte Content-Marketing zur Förderung meines Unternehmens genutzt werden?

1. So nutzen Sie Content-Marketing, um Ihr Geschäft auszubauen

2. Bestimmen Sie das Ziel Ihres Marktes.
3. Suchen Sie nach relevanten Begriffen.
4. Wählen und verteilen Sie Ihre Ressourcen.
5. Sie sollten Ihr Material planen.
6. Inhalte erstellen.
7. Werben Sie bei der Zielgruppe, die Sie wünschen.
8. Addieren Sie die Ergebnisse.

Welche marketingbezogenen Ansätze unterstützen Social Media?

Pufferbasiertes Social-Media-Marketing

Einige Unternehmen nutzen soziale Medien, um die Bekanntheit ihrer Marken zu steigern, während andere sie nutzen, um den Umsatz und den Website-Verkehr anzukurbeln. Die Nutzung sozialer Medien kann Ihnen auch dabei helfen, eine Community aufzubauen, die Sichtbarkeit Ihrer Marke zu verbessern und Kunden eine Möglichkeit zu bieten, mit Ihnen in Kontakt zu treten, um Kundensupport zu erhalten.

Welche fünf Methoden des Social-Media-Plattform-Marketings gibt es?

Fünf Tipps für effektives Social-Media-Marketing

Erstellen Sie einen Aktionsplan. Jede Plattform erfordert einen einzigartigen Ansatz.

Seien Sie zuverlässig. Obwohl die Regelmäßigkeit der Veröffentlichung je nach Plattform unterschiedlich ist, ist es immer eine gute Idee, Informationen häufig einzureichen.

Erstellen Sie interessante und ansprechende Inhalte, um das Engagement zu steigern.

Metrikverfolgung und -analyse.

Welches digitale Marketing ist für Unternehmen am effektivsten?

- Facebook,
- Twitter,
- Instagram,
- LinkedIn,
- Snapchat,
- Und
- Pinterest

Sind einige der am häufigsten genutzten Plattformen zum Aufbau von Marken und zur Durchführung von Marketingkampagnen?

Was ist E-Mail-Marketing zur Werbung?

Definition. Eine Werbe-E-Mail wird an die Mailingliste gesendet, die für Ihre neuen oder bestehenden Produkte oder Dienstleistungen wirbt. Werbebotschaften werden verschickt, um Menschen über neues Material, Sonderangebote oder Angebote zu informieren.

Wie funktioniert E-Mail-Marketing?

E-Mail-Marketing kann verwendet werden, um Abonnenten der von Ihnen verwalteten Liste über neue Produkte, Rabatte und andere Dienstleistungen zu informieren. Eine andere, subtilere Marketingstrategie besteht darin, Ihre Zielgruppe über die Vorteile Ihres Unternehmens zu informieren oder ihre Aufmerksamkeit nach dem Verkauf aufrechtzuerhalten.

Welche vier Arten von E-Mail-Marketing gibt es?

Hier sind 4 hervorragende E-Mail-Marketing-Strategien, die Sie verwenden können, zusammen mit einigen Beispielen.

E-Mail-Bulletins. E-Mail-Newsletter, auch Transaktions-E-Mails genannt, sind eine der am weitesten verbreiteten und beliebtesten E-Mail-Marketinginitiativen. Aufbewahrungs-E-Mails. Werbe-E-Mails.

Wie kann E-Mail-Marketing zur Förderung eines Unternehmens eingesetzt werden?

Beratung zur Gestaltung einer profitablen E-Mail-Marketingkampagne

Wählen Sie eine relevante Mailingliste aus.

Erstellen Sie Ihre E-Mail.

Personalisieren Sie die Betreffzeile und den Text Ihrer E-Mail.

Seien Sie freundlich und engagiert.

Richten Sie Follow-ups ein.

E-Mails sollten von einer echten Person gesendet werden.

Führen Sie einen A/B-Test für Ihre E-Mails durch.

Beachten Sie die E-Mail-Regeln, um Spam zu vermeiden.

Was ist gesponserte Werbung in der Werbung?

Lektion zum digitalen Marketing: Bezahlte Werbung – DMI

Jegliche Medienplatzierung oder Fläche muss erworben werden, damit Material für Marketingzwecke bezahlt werden kann. Dabei handelt es sich in der Regel um Anzeigen oder Advertorials, die speziell auf die Segmentierung Ihrer Zielgruppe zugeschnitten sind. Bezahlte Werbung ist eine fantastische Möglichkeit, die Wirksamkeit Ihrer Inhalte und die Reaktion des Publikums auf Ihre Marketingbotschaft zu bestimmen.

Welche Vorteile bieten bezahlte Anzeigen?

Online-Werbung, die man kauft, wird, wie der Name schon sagt, als bezahlte Werbung bezeichnet. Pay-Per-Click (PPC), programmatische Werbung wie Google Ads, Google Display, Facebook Ads, Youtube Ads, LinkedIn Ads, Google- und Facebook-Retargeting und mehr sind einige Beispiele für bezahlte Werbung.

Wie kann ich mein Unternehmen vermarkten und gleichzeitig Geld verdienen?

Nicht zuletzt wird es Sie inspirieren, neue, originelle

Methoden zu entwickeln, mit denen Sie Ihre Werbung fördern können.

Vernetzen Sie sich mit einer Autowerbefirma. Verkaufen Sie Werbeflächen in Ihrem Podcast. Verkaufen Sie Werbeflächen auf Ihrer Website.

Verkaufen Sie den Sperrbildschirm Ihres Telefons. Bewerten Sie Produkte auf Social-Media-Websites.

Werden Sie ein mächtiger Einfluss.

Versenden Sie Gastbeiträge.

Wie kann ich Influencer dazu bringen, mein Unternehmen zu unterstützen?

Das Geheimnis, wie Sie Influencer gewinnen, die Ihre Artikel unterstützen, liegt darin, zu erklären, warum Sie glauben, dass sie gut zu Ihrem Unternehmen passen würden. Erklären Sie dem Content-Produzenten, warum es Ihnen gefällt und wie es die Ziele und Markenwerte Ihrer Kampagne unterstützt.

Welche Vorteile kann Influencer-Marketing Unternehmen bieten?

Die Zusammenarbeit mit Influencern kann Ihrem Unternehmen dabei helfen, im Internet für Aufsehen zu sorgen. Darüber hinaus kann es das Engagement des Publikums, den

Ruf Ihrer Marke und die Konversionsraten steigern. Es ist an der Zeit, dass Vermarkter und Firmeninhaber den Wert des Influencer-Marketings verstehen und nutzen.

Was beinhalten Unternehmenskooperationen?
Kooperationen sind Vereinbarungen und Handlungen zwischen Organisationen, die sich darauf einigen, Ressourcen zu teilen, um ein gemeinsames Ziel zu erreichen. Kooperationen erfordern die Beteiligung von mindestens zwei Parteien, die bereit sind, Ressourcen wie Geld, Informationen und Personen auszutauschen.

Welche Rolle spielen Partnerschaften und Kooperationen in der Unternehmenswelt?

Zusammenarbeit hat mehrere Vorteile, und wenn sie erfolgreich durchgeführt wird, kann sie das Engagement, das Wohlbefinden und die Produktivität der Mitarbeiter erheblich steigern. Um erfolgreich zu sein, braucht ein kollaboratives Unternehmen drei wesentliche Elemente: eine Kultur der Zusammenarbeit, die richtigen Technologien und klar formulierte Ziele.

Was ist Markenmarketing durch geschäftliche Zusammenarbeit?

So steigern Sie Ihre Instagram-Follower durch Markenkooperationen ...

Marken-x-Marken-Partnerschaften entstehen, wenn zwei oder mehr Unternehmen zusammenarbeiten, um etwas Unverwechselbares und Originelles für eine Kampagne zu schaffen und sich dabei gegenseitig bei der Expansion zu unterstützen.

Lokale Marketingstrategie: Was ist das?

Ziel des lokalen Marketings ist es, Menschen zu erreichen, die in der gleichen Stadt oder Gegend wie Ihr Unternehmen leben. Dieser Teil Ihrer Marketingstrategie richtet sich an Kunden, die potenziell jederzeit Ihre Waren oder

Dienstleistungen kaufen könnten und sich in einem bestimmten Umkreis um Ihren tatsächlichen Unternehmensstandort befinden, in der Regel basierend auf einer erreichbaren Fahrstrecke.

Wie kann ich mein Unternehmen in meiner Nachbarschaft bewerben?

- So werben Sie lokal für Ihr Unternehmen
- Treten Sie regionalen Organisationen bei.
- Führen Sie Turniere und Wettbewerbe durch.
- Bieten Sie lokale Vergünstigungen und Anreize an.
- Verbünde dich mit Influencern und Unternehmen in deiner Nähe.

- Tragen Sie Ihr Unternehmen in alle lokalen Verzeichnisse ein.
- Bringen Sie Ihr Logo auf den Autos an.
- Sponsern Sie eine Gruppe oder Aktivität

Was sind Erfahrungsberichte und Rezensionen?

Bei Bewertungen handelt es sich um die aufrichtige, impulsiv geäußerte Meinung eines Verbrauchers zu seinem Kauf, ob positiv oder negativ. Andererseits handelt es sich bei Testimonials lediglich um positive Kundenanekdoten, die mit

Marketingaspekten gesammelt wurden.

Was beinhaltet ein Werbe-Testimonial?

Beispiele für Erfahrungsberichte in der Werbung, die Sie stehlen sollten, können Sie …

Die Bemerkung eines Kunden darüber, wie ihm ein Produkt oder eine Dienstleistung geholfen hat, beinhaltet normalerweise, dass er dafür Werbung macht. Dies wird als Empfehlungszeugnis bezeichnet. Eine der besten Methoden, Ihr Unternehmen zu verkaufen, ist Testimonial-Werbung, die diese echten Kundenreferenzen in der Anzeigensprache und Kreativität nutzt.

Wie nutzen Sie das Feedback und die Empfehlungen der Verbraucher?

- Platzieren Sie Erfahrungsberichte auf Landingpages.
- Fügen Sie Erfahrungsberichte in Marketing-E-Mails ein.
- Nutzen Sie Kundenreferenzen in Ihren gesponserten Anzeigen.
- Integrieren Sie Auswertungen in Ihren Blog.
- Platzieren Sie Bewertungen in der Nähe des CTA.
- Veröffentlichen Sie Bewertungen in den sozialen Medien.
- Verwandeln Sie Kundenstimmen in Erfolgsgeschichten.

- Diskontieren Sie negative Bewertungen nicht.

Welchen Ansatz verfolgt die Marketinganalyse?

Eine Marketinganalyse ist was? Eine Marketingbewertung ist ein Prozess, der es Ihnen ermöglicht, die zahlreichen demografischen Merkmale und Zielgruppensegmentierungen Ihres Zielmarkts sowie erfolgreiche Engagement-Taktiken, die Customer Journey und Techniken zur Conversion-Optimierung zu verstehen.

Welche vier verschiedenen Arten von Marketingtaktiken gibt es?

Traditionelle und internetbasierte Werbung, persönlicher Verkauf, Direktverkauf, Öffentlichkeitsarbeit, Sponsoring und Verkaufsförderung sind Beispiele für Werbestrategietypen.

Wie kann ich mein Unternehmen offline bewerben?

Visitenkarten für Ihr Kleinunternehmen: Offline-Marketingkonzepte. Eine der besten Methoden, für Ihr Unternehmen zu werben, besteht darin, Geld für hochwertige Visitenkarten auszugeben.

Erstellen Sie Flyer und Broschüren.

Erstellen Sie ein Buch, führen Sie ein Rebranding durch, verteilen Sie Rabatte usw.
Versenden Sie Weihnachtskarten und Geschenke.
Cross-Promotion. Teilnahme an der Gemeinschaft.

Treueprogramme zur Kundenbindung: Was ist das?

So erhöhen Sie die Teilnahme an Kundenbindungsprogrammen ...
Ein systematischer Kundenbindungsansatz, der darauf abzielt, Kunden zu belohnen, ist ein Kundenbindungsprogramm. Ziel ist es, die Menschen davon zu überzeugen, weiterhin bei Ihrem Unternehmen und nicht bei der Konkurrenz einzukaufen. Darüber

hinaus stärkt es das Vertrauen der Kunden in Ihre Marke.

Welche Vorteile können Kundenbindungsprogramme für Unternehmen bieten?
Durch einzigartige Anreize können Treueprogramme Unternehmen dabei helfen, ihre wichtigsten Kunden zu halten. Sie können auch wichtige Marketingdaten sammeln, Empfehlungen steigern und andere Dinge tun. Auch Vermarkter mögen Treueprogramme, das gilt also nicht nur für Kunden.

Was sind Kundenbindungsprogramme und wie werden sie von Unternehmen genutzt?

Was ist ein Treueprogramm? Kunden, die mit einer Marke in Kontakt treten, werden häufig mit Kundenbindungsprogrammen belohnt. Es handelt sich um eine Methode zur Bindung von Kunden, indem man sie dazu verleitet, weiterhin bei Ihrem Unternehmen einzukaufen und nicht bei einem Ihrer Konkurrenten. Kunden erhalten mehr Anreize, je mehr sie ausgeben oder mit dem Unternehmen interagieren.

<u>Fröhliches Lesen</u>